MUDANÇAS NOS HABITATS

Direitos reservados © QED Publishing 2009
Autor Steve Parker
Consultor Terry Jennings
Editor de Projeto Anya Wilson
Design e Pesquisa de Imagens Dynamo Design

Editor Steve Evans
Diretor de Criação Zeta Davies
Gerente de Edição Amanda Askew

© 2010 desta edição:
Ciranda Cultural Editora e Distribuidora Ltda.
Rua Frederico Bacchin Neto, 140 – cj. 06
Parque dos Príncipes – 05396-100
São Paulo – SP – Brasil

Coordenação editorial Jarbas C. Cerino
Assistente editorial Elisângela da Silva
Tradução Juliana David
Preparação Sueli Brianezi Carvalho
Revisão Júlio César Silva, Michele de Souza Lima
e Silvana Pierro
Diagramação Selma Sakamoto

1ª Edição
www.cirandacultural.com.br
Impresso na China

Todos os direitos reservados. Nenhuma parte desta
publicação pode ser reproduzida, arquivada em sistema
de busca ou transmitida por qualquer meio, seja ele
eletrônico, fotocópia, gravação ou outros, sem prévia
autorização do detentor dos direitos, e não pode circular
encadernada ou encapada de maneira distinta àquela em
que foi publicada, ou sem que as mesmas condições sejam
impostas aos compradores subsequentes.

Créditos de imagens
(t= topo, b = rodapé, l = esquerda, r = direita,
c = centro, fc = capa)

Alamy 19tr Jack Picone

Corbis 5b DLILLC, 15t LUC GNAGO Reuters, 15b Pallava
Bagla, 16–17c Reuters, 26–27c George Antoni Hemis

DK Images 22t Andy Crawford, 25br Mike Dunning

FLPA 20–21c Flip Nicklin, 20b INGO ARNDT

Getty 7t Jason Hawkes, 9tr Frank Greenaway, 11tr James P
Blair, 12c Jeff Foott, 12br Jame Hager, 14–15c Richard
du Toit, 17tr Barbara Peacock, 17br Natalie Forbes,
18cl Keiichi Takita, 18cr Michael Langford, 21cr Joel
Sartore, 23br Francoise De Mulder, 24c China Photos,
24br Michael Latz

NHPA 18b Nick Garbutt, 22–23c Tony Crocetta, 26r
Daniel Heulcin, 27br ANT Photo Library, 29br Nigel Hicks

Photolibrary 4l David B Fleetham, 4b Mike Powles, 8–9c,
13t M Harvey ABPL, 14b D H Webster

Science Photo Library 10c Cordelia Molloy

Shutterstock 4t Phase4Photography, 4t R, 4r Kitch Bain,
4–5 Hywit Dimyadi, 5tr Tishenko Irina, 5cr Dwight Smith,
5c fenghui, 6t sabri deniz kizil, 6–7c Kaspars Grinvalds,
6b Norma Cornes, 7b Pichugin Dmitry, 8l amygdala
imagery, 10t LoopAll, 10–11 Crom, 10r iofoto, 10b Dario
Sabljak, 11b iofoto, 13c Johnny Lye, 16bl imageshunter,
16br tkemot, 17b Dean Murray Illustration, 19c Michael
G Smith, 19bl Borislav Gnjidic, 19br Elena Eliseeva,
19b matt, 21t EcoPrint, 21tr Spectra, 22l jan kranendonk,
22c Sam Chadwick, 23l Lynsey Allan, 23t Ngo Thye Aun,
23tr Ruta Saulyte Laurinaviciene, 24t Laurent Renault,
24c Gina Buss, 25tl sabri deniz kizil, 25t Kim Worrell,
27t hagit berkovich, 28tr Inc, 28c Konstantin Sutyagin,
28cr STILLFX, 28–29c Andrejs pidjass, 29t Eric Gevaert,
29l charles taylor

Confira o significado das palavras em **destaque** no Glossário da página 30.

Sumário

Um mundo de vida selvagem	4
Um problema público	6
Abundância de *habitats*	8
Um grande prejuízo	10
Salvando os ambientes naturais	12
Alimento para todos	14
Poluição em grande quantidade	16
Cuidado! Invasores!	18
Mundialmente famosos	20
Turistas e animais	22
Procriação em cativeiro	24
Histórias de sucesso	26
Ajudem-nos!	28
Glossário	30
Índice remissivo	32

UM MUNDO DE vida selvagem

Em quase todos os lugares da Terra existem animais selvagens.
Em **florestas tropicais**, macacos se penduram em grandes árvores; enquanto nos **recifes de corais**, peixes coloridos movem-se rapidamente para longe dos tubarões. Nas savanas africanas, os elefantes passeiam com muita atenção, enquanto os leões aproximam-se silenciosamente das zebras.

O grande tubarão-branco vive nas águas quentes de todos os oceanos.

Os orangotangos passam grande parte de suas vidas nas árvores.

Sobrevivendo em todo lugar

Alguns animais selvagens sobrevivem até mesmo nas condições mais severas. Entre os *icebergs*, o urso-polar utiliza seu quente casaco de pele para se proteger do frio. Nos desertos, alguns animais, tais como os lagartos, escondem-se durante o dia a fim de diminuir sua temperatura corporal.

Os elefantes vivem em grandes grupos familiares.

📷 FIQUE ATENTO!

Fósseis

Os **fósseis** são restos de um animal ou planta preservados em uma rocha. Eles evidenciam que por milhões de anos os seres vivos sofreram mudanças, e alguns se extinguiram. Libélulas gigantes, dinossauros, tigres-dentes-de-sabre e mamutes são exemplos de animais que foram extintos ao longo do tempo.

↷ Os fósseis auxiliam os cientistas a entender como a vida selvagem era constituída muito tempo atrás.

↶ O número de pandas-gigantes está crescendo – existem atualmente mais de 2 mil indivíduos na natureza.

Um grande problema

Uma surpreendente variedade de animais e plantas vive por todo o nosso mundo. Alguns são comuns, como as baratas e os ratos, enquanto outros são **raros**, como os pandas e os tigres. A principal **ameaça** para essa espetacular variedade de vida é o ser humano, que cada vez mais está promovendo a destruição do meio ambiente e, consequentemente, potencializando a **extinção** de diversas **espécies**.

O tigre é uma espécie **ameaçada de extinção**. Restam apenas 4 mil indivíduos desse animal na natureza.

5

Um problema público

A cada hora, nascem 10 mil bebês por todo o mundo – número suficiente para encher 20 aviões do tipo jumbo. Todas essas pessoas necessitam de um lugar para viver.

◉ Anualmente, milhões de casas são construídas onde antes havia áreas verdes.

Cada vez mais

À medida que cresce o número de pessoas na Terra, aumenta também a quantidade de recursos necessários para nossa sobrevivência. As pessoas precisam de alimentos provenientes de fazendas ou pescados no mar. Nós fabricamos produtos como carros, televisões e outras máquinas, construímos cidades, usamos grandes quantidades de eletricidade e viajamos por todo o mundo nas férias e nos feriados. Como resultado, os recursos naturais do nosso planeta estão se esgotando e a vida selvagem, consequentemente, pode padecer.

É SURPREENDENTE!

Há 100 anos havia 1,7 bilhão de pessoas no mundo. Atualmente, esse número ultrapassa os 6,7 bilhões – quatro vezes mais!

A eletricidade constitui uma das necessidades do ser humano, entretanto, as usinas elétricas podem poluir o meio ambiente.

Os efeitos na natureza

Por todo o mundo, animais selvagens e plantas são obrigados a sobreviver em pequenas áreas, à medida que o ser humano derruba árvores ou constrói edificações nos seus **habitats**. Consequentemente, restam poucos lugares em que a vida selvagem consegue sobreviver. Além disso, as plantas possuem menos espaço para se desenvolver, resultando em uma menor quantidade de alimento disponível para os animais.

À medida que estradas e cidades são construídas, as áreas arborizadas tornam-se menores.

FIQUE ATENTO!

Quantos?

Nas fazendas espalhadas pelo mundo inteiro, vivem cerca de 1,8 bilhão de ovelhas e cabras, 1,4 bilhão de vacas e 1 bilhão de porcos. Dentre os animais selvagens, aquele que apresenta uma maior quantidade de indivíduos é a foca-caranguejeira da Antártica, com aproximadamente 30 milhões de exemplares.

As focas-caranguejeiras vivem em grandes grupos e alimentam-se de animais como o krill.

Abundância de *habitats*

Você não esperaria encontrar um tubarão no deserto ou um golfinho em uma montanha. Diferentes animais e plantas vivem em áreas naturais distintas na Terra, conhecidas como *habitats*. Atualmente, alguns destes se encontram mais ameaçados do que outros.

Condições diversas

Alguns *habitats* são terrestres, enquanto outros são aquáticos. Como exemplo do primeiro, podemos citar as florestas tropicais, as montanhas, os pântanos ou os desertos. O segundo pode apresentar uma grande variação de temperaturas – desde os oceanos congelados até os mares mais quentes. Os *habitats* aquáticos também podem variar quanto à salinidade, sendo constituídos por águas doce ou águas salgada.

Os cactos do deserto possuem espinhos para evitar que os animais se alimentem deles.

Sobrevivência

Existe uma enorme variedade de *habitats*. A vida selvagem pode sobreviver em uma gama diversa de ambientes e, ao longo do tempo, os animais se **adaptaram** aos diferentes *habitats*. Aqueles que vivem em montanhas cobertas por neve, como os ursos-polares, apresentam um grosso casaco de pele, enquanto as aves marinhas, como os pinguins, possuem penas à prova d'água e são capazes de nadar.

É SURPREENDENTE!

As artêmias se alimentam de minúsculas algas e animais.

Um lago quente e salgado é um *habitat* com condições extremas de sobrevivência. A temperatura da água atinge 40 °C! Mesmo com essas condições, um microcrustáceo conhecido como artêmia pode viver confortavelmente nesses locais.

⟳ Os pinguins possuem uma espessa camada de gordura abaixo de suas peles, o que os auxilia a manter o corpo aquecido em temperaturas congelantes.

Um grande prejuízo

A perda de *habitats* é o principal problema para a vida selvagem. À medida que a população do mundo aumenta, e, cada vez mais, o número de cidades construídas fica maior, áreas naturais, onde tantas plantas e animais prosperam, são perdidas para sempre.

Mudanças naturais

Os ambientes mudam naturalmente através do tempo e a vida selvagem se adapta a essas novas mudanças para sobreviver. Por exemplo, em algum local, uma grande quantidade de chuvas intensas preenche um vale, de tal maneira que ele se torna um novo lago. Em outro local, um terremoto racha o solo, formando um novo vale. Essas transformações têm acontecido por milhares de anos.

Em Thingvellir, na Islândia, um novo vale está se formando, à medida que, a cada ano, rochedos se separam em direções opostas.

Mudanças artificiais

Atualmente, as mudanças que ocorrem nos *habitats* não possuem causas naturais. Esses ambientes estão sendo destruídos pelo ser humano por meio da construção de cidades, fazendas, estradas, centros de compras, fábricas e aeroportos. Extinguir um *habitat* provoca a perda da vida existente nele, salvo exceções em que as plantas e os animais são movidos para um novo lugar.

⊂ Os aeroportos necessitam de uma grande área para funcionar, o que significa um espaço a menos para a vida selvagem.

FIQUE ATENTO!

Florestas tropicais
Nas florestas tropicais, a temperatura é quente durante todo o ano. Esses locais são conhecidos como "pontos quentes" devido à grande variedade de plantas e animais, característica conhecida como **biodiversidade**. Nos últimos 100 anos, mais da metade das florestas tropicais do mundo foram destruídas pelo corte de madeira e pelo cultivo da terra, já que as condições encontradas nessas áreas otimizam o crescimento das plantações.

Esta floresta tropical, localizada em Bornéu, na Ásia, foi substituída por plantações de árvores de cacau, cujas sementes são utilizadas para produzir o chocolate.

O que você pode fazer?

Pense sobre o seu próprio ambiente. Quanto resíduo você produz todos os dias? Reutilize os brinquedos em vez de comprar novos e recicle os produtos, como o papel e o plástico. Dessa maneira, uma quantidade menor de produtos precisa ser fabricada e os *habitats* não serão destruídos pela construção de novas estradas e fábricas.

O carvão é um importante combustível para o ser humano, porém, sua mineração pode provocar a destruição de áreas naturais.

11

SALVANDO OS ambientes naturais

Animais e plantas raros podem ser mantidos em zoológicos ou em parques. No entanto, sem um ambiente natural onde viver, eles nunca serão verdadeiramente selvagens e livres.

Um lugar para viver
Para salvar os animais e plantas, nós precisamos **conservar** os ambientes de onde eles são nativos. A melhor maneira de realizar essa ação é estabelecer áreas para serem utilizadas como parques de proteção ambiental ou **reservas naturais**. Nesses locais, as pessoas devem respeitar a vida selvagem, permanecer somente em determinadas áreas e não causar nenhum tipo de dano.

Os castores vivem em rios e necessitam que a água esteja limpa. Consequentemente, eles são facilmente prejudicados pela **poluição**.

➲ Turistas que observam a vida selvagem em reservas naturais, como os gnus na África, devem se comprometer a não causar nenhum tipo de dano ao meio ambiente.

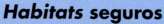

O que você pode fazer?

Descubra se existe alguma reserva natural perto de onde você mora. Escreva uma carta ou mande um e-mail oferecendo sua ajuda para algo de que necessitem.

Habitats seguros

Em áreas protegidas, a vida selvagem, desde grandes **predadores**, até uma pequena flor, pode prosperar. Dessa maneira, mais reservas e parques são criados a cada ano.

➲ Uma das maiores reservas naturais do mundo também possui o maior nome: Papahanaumokuakea. Localizada no Oceano Pacífico, ela abrange várias ilhas do Havaí e o mar em torno delas.

É SURPREENDENTE!

As reservas naturais marinhas ajudam a proteger a vida do mar, por exemplo, o peixe-unicórnio.

Animais de grande porte, como os alces, necessitam de grandes áreas para percorrer e se alimentar.

Papahanaumokuakea
Monumento Marinho Nacional

Ilhas do noroeste do Havaí
OCEANO PACÍFICO

13

Alimento para todos

As **pastagens** fornecem alimento para muitos animais, como os elefantes, as zebras e os bisões. Entretanto, nós também necessitamos delas para alimentar o nosso gado, ovelhas e outros animais de fazenda.

Sem espaço suficiente

As fazendas estão ocupando grandes áreas da natureza. As árvores são cortadas, todo o solo é **arado** e os animais selvagens são afastados para longe. As plantações necessitam de água, que é retirada de rios e lagos, deixando uma menor quantidade para os peixes e os animais que utilizam esses locais como bebedouros. Além disso, os cultivos são pulverizados com **pesticidas**, que matam as pragas das plantações, como as lagartas. Porém, tais substâncias também afetam outros animais, como os pássaros e as borboletas. Com a prática da pesca, uma maior quantidade de peixes é retirada dos oceanos para nossa alimentação e, consequentemente, menos alimento fica disponível para focas, golfinhos e aves marinhas.

É SURPREENDENTE!

A cada minuto, uma área natural com o tamanho aproximado de um campo de futebol, é transformada em plantações.

➜ A comercialização de carne de animais silvestres é bastante comum, especialmente na África.

FIQUE ATENTO!

O comércio de carne de animais selvagens

Em alguns lugares, as pessoas caçam animais silvestres para se alimentar ou para comercializá-los em mercados. Animais raros, como macacos, cervos e porcos selvagens, encontram-se ameaçados de extinção, pois são frequentemente utilizados na alimentação popular.

Como ajudar?

Os cientistas estão desenvolvendo novos tipos de **cultivos** que requerem uma quantidade menor de água e de substâncias químicas utilizadas como aditivos para o crescimento. Esse tipo de plantação poderá então, posteriormente, ser desenvolvida em outras localidades. Além disso, redes de pesca podem ser projetadas somente para capturar um tipo de peixe particular, evitando, dessa maneira, que outros animais fiquem presos nelas.

➜ Novos tipos de cultivos, como este, de arroz, são capazes de se desenvolver em localidades em que o clima é mais seco.

Poluição em grande quantidade

Denomina-se como poluição o fenômeno da concentração de substâncias nocivas em um local ao qual não pertencem. Isso pode variar desde o lixo acumulado em regiões florestais e na praia, até um grande derramamento de óleo no oceano.

A poluição que podemos ver

Alguns tipos de poluição são facilmente perceptíveis, como um pequeno derramamento de óleo industrial em um rio, prejudicando os peixes e as plantas aquáticas, ou uma cerca coberta de sacos plásticos levados pelo vento. Esses problemas são frequentemente notados pelas pessoas e são capazes de serem resolvidos por meio da remoção do poluente.

◉ Parte do lixo lançado no mar é transportado até a praia pelas ondas.

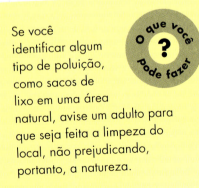

O que você pode fazer

Se você identificar algum tipo de poluição, como sacos de lixo em uma área natural, avise um adulto para que seja feita a limpeza do local, não prejudicando, portanto, a natureza.

↻ Limpar um derramamento de óleo proveniente de um tanque de navio em um oceano é uma ação complexa e que provoca uma série de prejuízos para a vida marinha.

É SURPREENDENTE!

Em algumas praias, aproximadamente 10% dos grãos de areia são compostos por minúsculos pedaços de plástico ou de algum outro resíduo.

As ondas fragmentam os resíduos de lixo em pedaços minúsculos que são, posteriormente, misturados com a areia das praias.

A poluição que não conseguimos perceber

A maior parte da poluição não é percebida pelas pessoas. Quando as substâncias químicas são transportadas dos rios para os oceanos, elas se difundem de tal maneira que se tornam imperceptíveis ao olho humano, provocando grandes danos aos recifes de corais e outros animais marinhos. Dentro das florestas, os animais podem se cortar em pedaços de vidro quebrado e, nos oceanos, as tartarugas podem ingerir sacos plásticos que flutuam na água, pois os confundem com águas-vivas, as quais constituem um dos seus alimentos habituais.

⊃ A poluição afeta a vida selvagem. Este peixe pode ter morrido pela contaminação da água por causa de um vazamento de substâncias químicas, proveniente de uma tubulação industrial danificada.

CUIDADO! Invasores!

Nas áreas naturais, os animais e as plantas coexistem em equilíbrio natural. Quando uma nova espécie de planta ou animal é introduzida em uma área, esse equilíbrio pode ser afetado.

➲ A remoção de ervas daninhas aquáticas pode necessitar de uma grande quantidade de tempo e dinheiro, além do uso de máquinas grandes.

As ervas daninhas aquáticas introduzidas em um *habitat* são capazes de se espalhar rapidamente, pois são carregadas para outros locais pelas correntes dos rios.

A erva daninha mais temida

Quando uma espécie de planta ou animal é inserida em um local onde não nasce naturalmente, é chamada de **espécie introduzida**. Porém, se o ambiente não apresentar nenhum agente natural capaz de controlar a espécie introduzida, ela se torna um tipo de praga. As espécies de plantas aquáticas do gênero *Eichhornia*, são uma das **ervas daninhas** mais temidas. Ela se difundiu da América do Sul por todo o mundo e se desenvolve tão rápido que preenche todo o rio ou lago, impedindo que algum barco transite, além de provocar a morte de peixes devido à diminuição da quantidade de oxigênio.

As espécies de plantas aquáticas do gênero *Eichhornia* crescem tão rápido que, em pouco tempo, não é possível enxergar a água de um rio ou lago.

📷 FIQUE ATENTO!

Sapos incômodos
O sapo-boi foi levado da América do Sul para a Austrália na década de 1930, com a finalidade de se alimentar de besouros que estavam destruindo as plantações.
Eles se adaptaram tão bem a esse país que, atualmente, existe um grande número de indivíduos dessa espécie. Por possuir uma grande concentração de toxina em sua pele, os predadores desse animal, como as cobras e as aves aquáticas, morrem quando o ingerem. Nessas circunstâncias, espécies locais se encontram ameaçadas pela presença desse visitante.

⬆ Sapos-boi se aglomeram nas estradas à procura de água para desovar.

Na França, o gado das fazendas se alimenta da grama, de tal maneira que, uma pequena quantidade fica disponível para outros animais.

Nas fazendas
Animais de fazendas, domésticos e pragas geram grandes prejuízos à natureza. As ovelhas e o gado se alimentam da grama destinada a outros herbívoros selvagens. Esquilos-cinzentos, introduzidos em um ambiente, alimentam-se dos ovos e filhotes de aves, enquanto os cachorros destroem os ninhos que estão sobre o solo. A vida selvagem local sofre danos, à medida que perde o seu *habitat* e não consegue mais **procriar**. Portanto, o equilíbrio da natureza no local onde ocorre a instalação de uma fazenda é severamente afetado.

Mundialmente famosos

Os gorilas-das-montanhas, os tigres-siberianos, os orangotangos, as grandes baleias e os dragões-de-komodo são famosos animais raros. Eles auxiliam a manter a atenção sobre a necessidade de se preservar a vida selvagem.

Por que tão famosos?

Algumas espécies notáveis são conhecidas como "espécies manchete", pois elas motivam recorrentes reportagens nos noticiários. Geralmente, são animais intimidantes, como os leões e as águias; ou graciosos, como os pandas-gigantes ou os saguis. Essas espécies auxiliam a alertar as pessoas sobre os perigos que toda a vida selvagem enfrenta, encorajando-nos a ajudar, por exemplo, por meio de doações a organizações não governamentais e a grupos conservacionistas. Se os *habitats* dessas espécies forem conservados, outros animais que vivem nos mesmos ambientes que elas também serão beneficiados.

◯ A instalação de **rastreadores** para o monitoramento de animais, como nesta baleia-azul, na Califórnia, Estados Unidos, auxilia os cientistas a aprenderem sobre a vida de animais ameaçados de extinção.

Salvando a vida selvagem

Os cientistas estão tentando salvar espécies ameaçadas de extinção. Eles pesquisam os hábitos delas por meio de rastreadores, que permitem acompanhar o movimento dos animais a certa distância. À medida que os pesquisadores aprendem mais sobre os hábitos dessas espécies, maior é a quantidade de informações que possuem para ajudá-las a sobreviver.

🎧 Restaram, aproximadamente, apenas 700 gorilas-das-montanhas na natureza.

FIQUE ATENTO!

Lista vermelha
A "lista vermelha" demonstra o resultado da ameaça que plantas e animais raros enfrentam. Aqueles listados como criticamente ameaçados, são os que correm um maior risco de serem extintos, tanto que, sem uma ajuda urgente, eles podem desaparecer em torno de 25 anos.

Os rinocerontes estão na lista vermelha.

Turistas e animais de estimação

Todos nós gostamos de viajar nas férias. Entretanto, em algumas situações, nossas férias afetam a vida selvagem. As florestas tropicais são cortadas para a construção de grandes complexos turísticos e os animais silvestres são vendidos como bichos de estimação.

◐ As pessoas gostam de observar a vida selvagem. Se elas não se aproximarem muito, a observação de baleias nos oceanos não gera quase nenhum dano para estes animais.

Se a praia está cheia com uma multidão, os animais silvestres podem ser espantados para longe.

Diversão de férias

Durante as viagens de férias, ou feriados, os turistas afetam a vida selvagem de diferentes maneiras. As pessoas ocupam as praias para tomar banho de sol e nadar, afugentando as tartarugas que utilizam o local para a postura de ovos; mariscos são frequentemente coletados para serem vendidos aos visitantes e embarcações barulhentas podem assustar peixes, golfinhos e focas.

Apoie o **ecoturismo**. Esse tipo de turismo acontece quando as pessoas visitam um local onde a vida selvagem é respeitada, preservada e perturbada o menos possível.

O que você pode fazer?

Pobres bichinhos!

Ter animais de estimação como macacos, cobras e papagaios raros parece divertido. Entretanto, são animais difíceis de cuidar. Além disso, eles foram provavelmente retirados da natureza e, quando capturados dessa maneira, podem sofrer em recipientes apertados, sem água e alimento, sendo expostos a um sério risco de morte.

↶ Em alguns países, macacos morrem presos em minúsculas jaulas, enquanto esperam para serem vendidos.

Os papagaios e as araras são uma das aves mais raras na natureza.

↪ Para colocar os seus ovos, as tartarugas escavam um buraco na areia.

Procriação em cativeiro

Algumas pessoas não gostam de ver os animais em zoológicos e em pequenos parques de vida selvagem. Entretanto, para algumas espécies raras, a vida em **cativeiro** pode significar a única maneira de sobreviver.

⊂ Animais raros, como este filhote de rinoceronte, frequentemente nascem e se desenvolvem em cativeiro.

⊃ Muitos animais selvagens, como o panda-gigante, são procriados em cativeiro para serem, posteriormente, introduzidos na natureza.

Uma última chance

Alguns animais são tão raros e ameaçados que não conseguem encontrar parceiros para procriar, ou lugares seguros para viver. A manutenção deles em cativeiros representa a última chance de sobrevivência dessas espécies. Os animais de cativeiro são cuidadosamente tratados e estudados, com o intuito de se conhecer mais sobre o comportamento e as necessidades de sua espécie, tais como comida e abrigo, além de procriarem para aumentar o número de indivíduos existentes. Posteriormente, alguns podem ser **reintroduzidos** na natureza.

⋂ Nos zoológicos, o alimento do urso-polar é colocado dentro de um bloco de gelo, dessa maneira, o animal precisa se esforçar para alcançar a comida.

Este condor-da-califórnia possui uma etiqueta de identificação em sua asa, assim, os cientistas podem estudá-lo na natureza.

FIQUE ATENTO!

Condor-da-califórnia

Uma das maiores aves de rapina, conhecida como condor-da-califórnia, quase se tornou extinta. Em 1987, restavam somente 22 indivíduos dessa espécie, os quais foram mantidos em cativeiro durante alguns anos, com a finalidade de procriação e posterior reintrodução no seu ambiente natural. Atualmente, existem mais de 300 indivíduos, dos quais a metade já retornou para a natureza.

De volta para a natureza

Existem muitos programas de procriação em cativeiro por todo o mundo, tentando salvar uma grande diversidade de animais, tais como esquilos-vermelhos, lobos, tigres e rinocerontes. Se existirem áreas naturais suficientes e seguras, eles poderão retornar aos seus ambientes naturais. Provavelmente receberão uma etiqueta de identificação e rastreadores, a fim de descobrir o seu paradeiro e se conseguirão sobreviver.

↺ Mais de 100 espécies de macacos fazem parte de programas de procriação nos zoológicos. Isso ajuda a aumentar o interesse das pessoas pela vida selvagem.

O que você pode fazer?

Descubra se existe um zoológico ou um parque de vida selvagem próximo de sua casa que realiza algum programa de procriação de animais raros. Talvez a sua família ou escola possa promover um evento para ajudá-los.

HISTÓRIAS DE sucesso

Salvar a vida selvagem não acaba na manutenção de um animal em um zoológico. Para se alcançar esse sucesso leva-se muito tempo, esforço, estudo, planejamento – e dinheiro.

Áreas protegidas

Existem muitos animais, plantas e lugares protegidos pela combinação do esforço de diversas pessoas. Muito da Grande Barreira de Corais da Austrália, assim como grandes áreas de florestais tropicais da América Central e do Sul, África e Ásia, constituem atualmente áreas protegidas.
Os visitantes podem apreciar a vida selvagem sem destruí-la.

Os turistas podem aproveitar a beleza dos recifes de corais praticando atividades especiais de mergulho.

➲ Quando os esforços de conservação aumentam o turismo, o dinheiro obtido por esse serviço permite uma melhora nos recursos da região, como na manutenção de bombas de água.

A vida selvagem e as pessoas

Muitas pessoas no mundo possuem uma pequena quantidade de alimento, de água limpa, de eletricidade ou de algum conforto. É importante observar os benefícios de se trabalhar para preservar a vida selvagem local e, assim, tirar proveito de suas consequências. Por exemplo, preservar lindas florestas atrai um maior número de turistas, os quais irão trazer mais dinheiro para a região. Para que a conservação seja efetiva, é preciso não somente preservar a vida selvagem, mas também melhorar as condições sociais da população que vive próxima a ela.

É SURPREENDENTE!

A espécie de ave *Petroica traversi* foi introduzida em diferentes ilhas para aumentar o número de seus indivíduos.

Durante a década de 1980, restavam apenas cinco indivíduos de aves da espécie *Petroica traversi* nas Ilhas Chatham, no Oceano Pacífico. Atualmente, há mais de 250 aves.

27

AJUDEM-NOS!

Por todo o mundo, animais e plantas estão sendo salvos por fantásticos esforços de conservação. A vida selvagem em todo lugar necessita de nossa ajuda.

Muitos esforços

Dirigir um carro pode prejudicar os ursos-polares e os recifes de corais. A queima de combustíveis, como o petróleo, produz gases que provocam o **efeito estufa**, o qual constitui a principal causa do **aquecimento global**. À medida que a temperatura aumenta, os *icebergs* derretem e restam aos ursos-polares poucos lugares para descansar e caçar. A temperatura da água dos oceanos aumenta e os recifes de corais morrem, tornando-se brancos, fenômeno conhecido como "branqueamento dos corais". Para ajudar a salvar a vida selvagem e os *habitats*, precisamos avaliar seriamente o que fazemos todos os dias.

⮕ A plantação de mais árvores reduz a concentração de gás carbônico – responsável pelo efeito estufa na atmosfera.

⮕ O uso de menos combustível significa uma menor quantidade de poluição e **mudança climática**, além de uma economia de dinheiro!

É SURPREENDENTE!

Os gorilas-das-montanhas são uma espécie ameaçada de extinção, porque seus *habitats* estão sendo destruídos.

Existem, provavelmente, mais de 25 milhões de espécies de plantas e animais no mundo. Aproximadamente metade delas vive em um dos mais ameaçados *habitats*: as florestas tropicais.

⮕ Alguns produtos recebem um selo especial para demonstrar que são amigos da vida selvagem e do meio ambiente.

➲ Os orangotangos são frequentemente mortos na natureza pelos caçadores e seus filhotes são deixados sozinhos.

FIQUE ATENTO!

Orangotangos

Esses macacos estão se tornando mais raros a cada ano, à medida que suas florestas são cortadas para a utilização da madeira e removidas para a instalação de fazendas. Eles podem desaparecer rapidamente.

⬅ À medida que as florestas desaparecem, cada vez menos os machos e as fêmeas de orangotangos conseguem se encontrar para procriar.

Já é tarde para alguns

Talvez não exista mais tempo para salvar alguns animais e plantas que, infelizmente, serão extintos. O golfinho-de-água-doce do Rio Yang-tzé, na China, foi declarado extinto em 2007. Os cientistas culpam a pesca, a caça e a navegação pelo desaparecimento dessa espécie.

⬆ O golfinho-de-água-doce do Rio Yang-tzé, foi avistado pela última vez em 2002.

Glossário

Adaptar Mudar para ajustar-se ao ambiente. Por exemplo, quando um ser vivo adquire características específicas que o auxiliarão a sobreviver em um local ou em um ambiente particular.

Ameaçar Risco ou perigo. Uma espécie sob ameaça está sujeita ao risco de ser extinta.

Ameaçado de extinção Quando uma espécie existente corre o risco de ser extinta.

Aquecimento global O aumento de temperatura por todo o mundo como consequência do efeito estufa, o qual tem como causa principal atividades humanas, por exemplo, a queima de combustíveis.

Arar Revolver o solo utilizando uma grande pá de metal curvada antes da plantação de sementes.

Biodiversidade A variedade de diferentes seres vivos encontrados em um ambiente.

Cativeiro Quando os animais são mantidos em um local específico e cuidados pelo ser humano, como em zoológicos ou em parques de vida selvagem.

Conservar Salvar seres vivos ou os ambientes naturais deles, protegendo-os contra os danos causados pelas pessoas, pela poluição ou por outros problemas.

Cultivos Plantações que são desenvolvidas para colheitas por diferentes propósitos, como alimentação e combustível.

Ecoturismo Um tipo de turismo (visita de locais durante as férias ou feriados) que provoca os menores danos possíveis para as plantas, animais e *habitats* do local. Constitui uma prática que também arrecada recursos financeiros para a conservação dos ambientes e da vida selvagem.

Efeito estufa É causado pelo acúmulo de gases poluentes na atmosfera que aprisionam o calor solar, o que, por consequência, provoca um aumento na temperatura da Terra.

Ervas daninhas Uma planta que cresce em um local onde não deveria se desenvolver, geralmente influenciando negativamente a agricultura.

Espécie Uma planta ou animal específico, cujos indivíduos são semelhantes e se reproduzem gerando descendentes férteis.

Espécie introduzida Espécie de planta ou animal que é retirada dos locais de onde é nativa e introduzida em novas áreas onde não ocorre naturalmente.

Extinção Quando todos os representantes de uma espécie de animal ou planta desaparecem, de tal maneira que não existe nenhum indivíduo restante no mundo.

Florestas tropicais Uma enorme área de árvores que se desenvolve próxima à Linha do Equador, onde o clima é quente durante todo o ano. Essas florestas são os locais que apresentam uma das maiores riquezas biológicas do mundo.

Fósseis Restos de seres vivos ou vestígios biológicos que foram preservados nas rochas.

Habitat Conceito ecológico que engloba os fatores bióticos e abióticos determinantes de um lugar específico, onde espécies particulares de animais e plantas vivem.

Mudança climática Mudanças a longo prazo nos padrões climáticos por todo o mundo como consequência do aquecimento global, incluindo situações climáticas extremas, como tempestades, inundações e estiagens.

Pastagens Um *habitat* semelhante às pradarias da América do Norte e às savanas da África, onde a principal vegetação são as gramíneas em vez de arbustos e árvores.

Pesticida Substância química que causa a morte de seres vivos específicos, como ervas daninhas ou pragas de insetos, que prejudicam os cultivos.

Poluição Quando substâncias nocivas, como substâncias químicas ou lixo, são introduzidas no meio ambiente, provocando danos.

Predador Animal que caça e se alimenta de outros animais, designados como presas.

Procriar Reproduzir ou originar mais indivíduos de uma espécie.

Raro Quando existem poucos indivíduos de uma espécie particular de animal ou planta.

Rastreador Uma pequena marca ou um dispositivo de rádio inofensivo que é afixado a um animal, de maneira que ele possa ser identificado, e seus movimentos monitorados.

Recifes de corais Uma área calcária em água marinha quente e rasa, que representa um *habitat* para diferentes seres vivos.

Reintroduzir Ato de reproduzir uma espécie de animal ou planta em cativeiro e, posteriormente, introduzi-lo novamente em uma área natural apropriada, com esperança de que consiga sobreviver e existir livremente.

Reserva natural Uma área protegida por leis, onde a vida selvagem é preservada sem sofrer ameaças provocadas pelos seres humanos.

Índice remissivo

animais de fazenda 6, 7, 14, 19
aquecimento global 28, 30
areia 17, 23

baleias 20, 22
biodiversidade 11, 30

caçadores 29
carne de animais silvestres 15
castores 12
cativeiro 24, 25, 31
combustíveis 11, 28, 30
condor-da-califórnia 25
conservação 27, 28, 30
cultivo 14, 15, 30

derramamento de óleo 16, 17
desertos 4, 8
dragão-de-komodo 20

ecoturismo 22, 30
efeito estufa 28, 30
elefantes 4, 14
espécies
    ameaçadas 5, 21, 30
    introduzidas 18, 30
    manchete 20
extinção 5, 20, 21, 28, 30

fazenda 6, 7, 10, 14, 19, 29
férias 6, 22, 30
florestas tropicais 4, 11, 22, 28, 30
foca-caranguejeira 7
fósseis 5, 31

gnu 13
golfinho 29
gorilas 20, 21, 28
Grande Barreira de Corais 26

habitats 11, 19, 20, 28, 30, 31
leões 4, 20
lista vermelha 21
lixo 16, 17, 31

macacos 4, 15, 23, 25, 29
mineração 11
mudança climática 28, 31

oceanos 4, 8, 17, 28
orangotangos 4, 20, 29

pandas-gigantes 5, 24, 20
papagaios 23
pastagens 14, 30
perda de *habitats* 10
pesca 6, 14, 15, 29
pesticidas 14, 31
pinguins 9
plantas aquáticas 16, 18
Petroica traversi 27
poluição 12, 16, 17, 28, 30, 31
pragas 14, 18, 19, 31
procriação em cativeiro 24, 25

reciclar 13
recifes de corais 4, 26
reservas naturais 12, 13, 31
rinocerontes 21, 24, 25

saguis 20
sapos-boi 19

tartarugas 17, 22, 23
tigres 5, 20, 25
tubarões-brancos 4
turismo 22, 27

ursos-polares 4, 9, 24, 28